+ Atividades
Português

Andréa Pereira de Souza
Elisabete Jacques Urizzi Garcia
Priscila Ramos de Azevedo

Nome: _____

Turma: _____

Escola: _____

Professor: _____

Dados Internacionais de Catalogação na Publicação (CIP)
(Câmara Brasileira do Livro, SP, Brasil)

Souza, Andréa Pereira de
 + Atividades: português, 3 / Andréa Pereira de Souza, Elisabete Jacques Urizzi Garcia, Priscila Ramos de Azevedo. – São Paulo: Editora do Brasil, 2016.

ISBN 978-85-10-06342-5 (aluno)
ISBN 978-85-10-06343-2 (professor)

1. Português (Ensino fundamental) 2. Português (Ensino fundamental) - Atividades e exercícios I. Garcia, Elisabete Jacques Urizzi. II. Azevedo, Priscila Ramos de. III. Título.

16-04097   CDD-372.6

Índices para catálogo sistemático:
1. Português: Ensino fundamental 372.6

© Editora do Brasil S.A., 2016
Todos os direitos reservados

Direção-geral: Vicente Tortamano Avanso
Direção adjunta: Maria Lúcia Kerr Cavalcante de Queiroz

Direção editorial: Cibele Mendes Curto Santos
Gerência editorial: Felipe Ramos Poletti
Supervisão editorial: Erika Caldin
Supervisão de arte, editoração e produção digital: Adelaide Carolina Cerutti
Supervisão de direitos autorais: Marilisa Bertolone Mendes
Supervisão de controle de processos editoriais: Marta Dias Portero
Supervisão de revisão: Dora Helena Feres
Consultoria de iconografia: Tempo Composto Col. de Dados Ltda.

Coordenação editorial: Paulo Roberto Ribeiro
Edição: Simone D'Alevedo
Assistência editorial: Eloise Melero, Gabriel Madeira Fernandes e Jamila Nascimento da Silva
Auxílio editorial: Bárbara Zocal da Silva
Coordenação de revisão: Otacilio Palareti
Copidesque: Ricardo Liberal
Revisão: Alexandra Resende e Maria Alice Gonçalves
Coordenação de iconografia: Léo Burgos
Pesquisa iconográfica: Adriana Vaz Abrão e Denise Sales
Coordenação de arte: Maria Aparecida Alves
Assistência de arte: Carla Del Matto
Design gráfico: Estúdio Sintonia e Patrícia Lino
Capa: Maria Aparecida Alves
Imagem de capa: Africa Studio/Shutterstock.com
Ilustrações: Alberto Di Stefano, Carlos Caminha, Eduardo Belmiro, Estúdio Mil, Fabio Eugenio, Ilustra Cartoon, Kanton, Lucio Bouvier, Paulo Ramos Neto e Ronaldo Barata
Coordenação de editoração eletrônica: Abdonildo José de Lima Santos
Editoração eletrônica: Wlamir Y. Miasiro
Licenciamentos de textos: Cinthya Utiyama, Jennifer Xavier, Paula Harue Tozaki e Renata Garbellini
Coordenação de produção CPE: Leila P. Jungstedt
Controle de processos editoriais: Beatriz Villanueva, Bruna Alves, Carlos Nunes e Rafael Machado

1ª edição / 3ª impressão, 2020
Impresso na BMF Gráfica e Editora

Rua Conselheiro Nébias, 887
São Paulo, SP – CEP 01203-001
Fone: +55 11 3226-0211
www.editoradobrasil.com.br

Sumário

Capítulo 1

Texto 1 – Turma da Mônica (Tirinha) 5

Língua: Gramática – O alfabeto 9

Texto 2 – O Menino Maluquinho (História em quadrinhos) 10

Língua: Ortografia – Palavras com **m** e **n** antes de consoante. 13

Produção de texto – Tirinha 16

Capítulo 2

Texto 1 – *Identidade* (Poema) 19

Língua: Gramática – Ordem alfabética 22

Texto 2 – *Seu Lobo* (Poema) 26

Língua: Ortografia – Som nasal marcado por **m**, **n** e **til**. 29

Produção de texto – Limerique. 31

Capítulo 3

Texto 1 – *O leão e o rato* (Fábula) 34

Língua: Gramática – Classificação das palavras quanto ao número de sílabas 36

Classificação das palavras quanto à posição da sílaba tônica. 38

Texto 2 – *O Rato e o Leão* (Diálogo). 40

Língua: Ortografia – Letras **c** e **qu** 43

Produção de texto – Diálogo 44

Capítulo 4

Texto 1 – *Diário de Pilar na África* (Sinopse de livro) 47

Língua: Gramática – Substantivos próprios e comuns. 49

Texto 2 – *Formas e cores da África* (Sinopse de livro) 52

Língua: Ortografia – Letra **s** com som de **z** . .53

Produção de Texto – Sinopse de livro. 55

Capítulo 5

Texto 1 – *O céu está caindo!* (Conto de repetição e acumulação) 57

Língua: Gramática – Substantivos: gênero, número e grau .60

Texto 2 – *Cadê o toicinho daqui?* (Lenga-lenga) 64

Língua: Ortografia – Letras **c** e **ç** 68

Produção de texto – Conto de repetição e acumulação 69

Capítulo 6

Texto 1 – *Os olhos do menino* (Lenda) 70

Língua: Gramática – Adjetivos. 72

Texto 2 – *Gelatina de frutas e guaraná* (Receita culinária). 74

Língua: Ortografia – Letras **g** e **j** 77

Produção de texto – Receita culinária 78

Capítulo 7

Texto 1 – *Transmissores de doenças* (Artigo de divulgação científica – parte 1). . . .80

Língua: Gramática – Pronomes pessoais 82

Texto 2 – *Pombos/Ratos* (Artigo de divulgação científica – parte 2). . . .83

Língua: Ortografia – Letras **r** e **rr** 85

Produção de texto – Ficha informativa 86

Capítulo 8

Texto 1 – *Queimada* (Regra de brincadeira) . .88

Língua: Gramática – Verbos e tempos verbais 90

Texto 2 – *Brincadeiras de rua antigas* (*Blog*) . . .92

Língua: Ortografia – Letras **e** e **i** em final de palavra 94

Letras **l** e **u** em final de sílaba 95

Produção de texto – Regra de brincadeira. . .96

CAPÍTULO 1

1. Recorte os quadrinhos, organize-os na sequência correta e cole-os no espaço da página 7 para formar a tirinha.

Disponível em: <http://turmadamonica.uol.com.br/quadrinhos/?tg_personagem=monica&tg_quadrinho=tirinhas>. Acesso em: 18 set. 2015.

Tirinhas são histórias formadas por uma sequência narrativa em quadrinhos, quase sempre três ou quatro. Para entender a história é preciso observar os desenhos, os traços, os símbolos, além de ler os balões de fala. As tirinhas podem ser encontradas em jornais, revistas, *sites*, livros e gibis. Em geral, são histórias de humor que distraem e divertem o leitor.

2 Responda às questões:

a) Quem são as personagens da tirinha?
_____

b) Onde as personagens estão?
_____

c) Quem é o autor da tirinha?
_____

3 No primeiro quadrinho, a menina olha fixamente para a geladeira. O que o leitor pode imaginar que ela esteja vendo? Desenhe no espaço a seguir.

[   ]

4 No segundo quadrinho, que recursos são utilizados para demonstrar que a personagem está com medo? Marque um **X** nas respostas corretas.

a) ☐ Os olhos arregalados.   d) ☐ Os dentes grandes.

b) ☐ A roupa vermelha.   e) ☐ As gotas de suor.

c) ☐ O roer das unhas.   f) ☐ O formato do balão.

5 Observe o último quadrinho e responda:

• O que a palavra em destaque representa?
_____

Palavras que imitam sons produzidos por pessoas, objetos, elementos da natureza são chamadas de **onomatopeias**.

Língua: Gramática

O alfabeto

1 Leve a Mônica até sua turma circulando as letras conforme a sequência do alfabeto.

2 Escreva nos quadrinhos a letra que é pedida e forme o nome do coelho de pelúcia da Mônica. O nome dele é: _____

a) ☐ 3ª letra de

b) ☐ 9ª letra de

c) ☐ 3ª letra de

d) ☐ 3ª letra de

e) ☐ 4ª letra de

f) ☐ 7ª letra de

Texto 2

História em quadrinhos

Leia a história em quadrinhos.

Ziraldo. *As melhores tiradas do Menino Maluquinho*. São Paulo: Melhoramentos, 2005. p. 15.

1 O que o texto tem de parecido com uma tirinha?

_____
_____

2 Você leu uma história em quadrinhos. Identifique na história:

a) Título: _____

b) Autor: _____

c) Livro no qual a história foi publicada:
_____

3 Marque um **X** na informação verdadeira.

a) ☐ Havia fantasmas na casa mal-assombrada.

b) ☐ O Menino Maluquinho quis testar a coragem do amigo.

c) ☐ O Menino Maluquinho sentiu medo do barulho que ouviu.

4 Ligue as palavras da história em quadrinhos a seu significado.

a) terrorífica   habitada por fantasmas

b) barulho   aterrorizante

c) mal-assombrada   ruído

5 Podemos identificar na história em quadrinhos do Menino Maluquinho algumas onomatopeias. Relacione as onomatopeias da coluna da esquerda aos significados delas na coluna da direita.

a) [1] UAU!   [ ] risos

b) [2] AAAAAH!   [ ] surpresa

c) [3] RÁ, RÁ, RÁ, RÁ!   [ ] medo

6 Explique o significado das expressões a seguir, utilizadas na história em quadrinhos. Você pode conversar com pessoas de sua convivência para descobri-lo.

a) Cair feito um patinho:

_____

_____

_____

b) Morrer de medo:

_____

_____

_____

7 Faça de conta que você está passeando pelo bairro onde o Menino Maluquinho e seu amigo moram. De repente, você encontrou a casa na qual os personagens entraram. Como é ela vista do lado de fora? Desenhe-a.

Língua: Ortografia

Palavras com m e n antes de consoante

1. Pesquise em jornais e revistas palavras com **m** e **n** antes de consoante. Complete os quadros com as palavras encontradas.

Palavras com m antes de consoante

Palavras com n antes de consoante

2 Complete as frases com as palavras do quadro.

traça – trança – trançam – traçam

a) A menina fez uma _____ no cabelo.

b) Os engenheiros _____ a planta da construção.

c) Aquelas mulheres _____ palha para fazer cestos.

d) A _____ roeu a roupa de lã.

tampa – tampam – tampo – tampouco

e) O _____ da mesa de vidro trincou.

f) Não gosto do frio, _____ de dias muito quentes.

g) Os ouvidos _____ quando viajamos de avião.

h) Onde está a _____ do liquidificador?

baba – bamba – babam – bambambã

i) Cuidado, a cadeira está _____!

j) Os avós _____ com as gracinhas do neto.

k) _____ de moça é um doce feito com leite de coco, gema de ovos e açúcar.

l) Caroline é _____ na bateria.

3 Complete com **m** ou **n**.

a)

a ____ tena

c)

co ____ putador

b)

bo ____ bom

d)

sama ____ baia

e)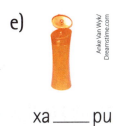

f)

xa ____ pu

pin ____ cel

4 O que é, o que é...? Para responder, pinte o desenho e escreva o nome dele.

a) O que mais pesa no mundo? _____

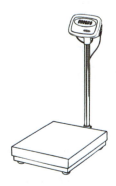  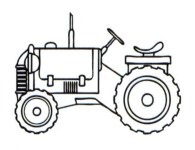

b) Abre, fecha e acompanha quem gosta de cantar, mas se cala quando lhe falta o ar. _____

  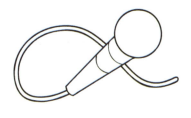

c) É sempre mordido, mas nunca grita. _____

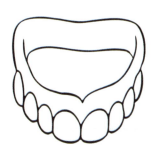  

Produção de texto

Tirinha

Agora é sua vez de produzir uma tirinha. Como? Olhe bem para as figuras da página 17. Observe o rosto dos personagens, a posição em que eles estão, as ações que representam.

Pense na história e observe as expressões faciais dos personagens. Escolha, recorte e pinte as figuras que mais se adéquam ao enredo que você imaginou. Você também pode criar outras.

Em uma folha avulsa trace o contorno da tirinha pensando no número de quadrinhos que ela terá. Planeje a distribuição das figuras antes de fazer a colagem.

Escolha os balões que irá usar e faça, nas linhas a seguir, o rascunho dos textos que você escreverá neles. Use letra maiúscula e frases curtas. Se quiser, utilize outros recursos gráficos para indicar os movimentos e as ações dos personagens. Não se esqueça de dar um título à sua história em quadrinhos.

Depois mostre a tirinha para pessoas de sua convivência.

CAPÍTULO 2

Neste poema, um menino explica quem ele é. Leia e descubra.

Identidade

Às vezes nem eu mesmo
sei quem sou.
Às vezes sou
"o meu queridinho",
às vezes sou
"moleque malcriado".
Para mim
tem vezes que eu sou rei,
herói voador,
caubói lutador,
jogador campeão.
Às vezes sou pulga,
sou mosca também,
que voa e se esconde
de medo e vergonha.
Às vezes sou Hércules,
Sansão vencedor,
peito de aço,
goleador!

Mas o que importa
o que pensam de mim?
Eu sou quem sou,
eu sou eu,
sou assim,
sou menino.

Caubói: figura heroica de vaqueiro.

Pedro Bandeira. *Cavalgando o arco-íris*.
São Paulo: Moderna, 2009. p. 8.

1 Escreva em poucas palavras quem é você.

_____

_____

2 Releia a seguir alguns versos do poema e faça o que se pede.

> Às vezes sou
> "o meu queridinho",
> às vezes sou
> "moleque malcriado".

a) Em sua opinião, em que situações o menino é chamado de "o meu queridinho"?

_____

_____

_____

_____

b) E quando ele é "moleque malcriado"?

_____

_____

_____

_____

c) Leia os versos a seguir e copie as palavras que rimam com "voador" e "herói".

> Para mim
> tem vezes que eu sou rei,
> herói voador,
> caubói lutador,
> jogador campeão.

• voador – _____

• herói – _____

> Duas palavras rimam quando terminam com uma ou mais sílabas semelhantes e, portanto, com o mesmo som.

d) Faça uma pesquisa sobre **Hércules** e **Sansão** e descubra quem são esses personagens. Você pode consultar *sites* da internet, enciclopédias, assistir a filmes, conversar com o professor de História. Registre suas descobertas.

> Às vezes sou pulga,
> sou mosca também,
> que voa e se esconde
> de medo e vergonha.
> Às vezes sou **Hércules**,
> **Sansão** vencedor,
> peito de aço,
> goleador!

_____
_____
_____
_____
_____
_____
_____
_____
_____
_____
_____
_____
_____
_____

e) Por que você acha que a pessoa que fala no poema se compara a esses personagens?

_____
_____
_____

f) Represente com desenhos a que ou a quem a voz do poema se compara:
• quando se sente pequeno e fraco. • quando se sente grande e forte.

Língua: **Gramática**

Ordem alfabética

1 Para você, o que é um **goleador**?

2 Leia o significado de **goleador** nesta página de dicionário.

gnomo | gonzo

405

gnomo (gno.mo) [ô] *sm*. Anão de idade indefinida que, segundo a crença, vive no interior da Terra onde guarda seus tesouros.

gnose (gno.se) *sf*. **1** Ação ou condição de conhecer; CIÊNCIA; CONHECIMENTO. **2** *Fil. Rel.* Conhecimento esotérico das coisas espirituais, divinas, místicas etc. ● *gnós*.**ti**.co *a*.

gnoseologia, gnosiologia (gno.se:o.lo.*gi*.a, gno.si:o.lo.*gi*.a) *sf. Fil.* Parte da filosofia que estuda as bases do conhecimento.

gnosticismo (gnos.ti.*cis*.mo) *sm. Fil. Rel.* Sistema místico-filosófico que busca o conhecimento das verdades divinas. [Cf.: *agnosticismo*.]

godê (go.*dê*) *sm*. **1** Corte enviesado em tecido, que o deixa ondulado, us. em saias e mangas: *um godê amplo*. *a2g*. **2** Cortado dessa maneira (saia *godê*).

goela (go.e.la) *sf. Pop.* Garganta.

gogo (go.go) [ô] *sm. Vet.* Gosma que sai da boca das galinhas e outras aves quando atingidas por doença de mesmo nome.

gogó (go.*gó*) *sm. Bras. Pop.* Cartilagem saliente no pescoço; PROEMINÊNCIA LARÍNGEA.

goiaba (goi.*a*.ba) *sf*. Fruto de polpa branca ou avermelhada, comestível e do qual se fazem doces e geleias.

goiabada (goi.a.*ba*.da) *sf. Cul.* Doce feito da goiaba.

goiabeira (goi.a.*bei*.ra) *sf. Bot.* Árvore que dá goiabas.

goianiense (goi:a.ni:*en*.se) *a2g*. **1** De Goiânia, capital do Estado de Goiás; típico dessa cidade ou de seu povo. *s2g*. **2** Pessoa nascida em Goiânia.

goiano (goi:*a*.no) *a*. **1** De Goiás; típico desse estado ou de seu povo. *sm*. **2** Pessoa nascida em Goiás.

goitacá (goi.ta.*cá*) *a2g*. **1** Ref. aos goitacás. *s2g*. **2** *Etnôn*. Indivíduo dos goitacás, grupo indígena hoje extinto que habitava o litoral entre o Rio de Janeiro e o Espírito Santo.

goiva (*goi*.va) [ô] *sf*. Tipo de formão com lâmina côncava, us. por marceneiros, escultores etc.

goivo (*goi*.vo) [ô] *sm. Bot.* Planta ornamental com flores aromáticas nativa da Europa.

gol *sm. Bras. Esp.* **1** Espaço retangular — limitado por duas traves perpendiculares e uma horizontal que as encima, (às quais ger. se prende uma rede) e por uma linha reta, traçada ou virtual, ligando os pés das duas traves perpendiculares — no qual a bola deve entrar para marcar-se ponto em jogos como futebol, polo etc.: *Chutou mal, e a bola passou longe do gol*. **2** O ponto marcado quando a bola entra nesse espaço. [Pl.: *gols* (o mais us. apesar de ser barbarismo), *goles* e *gois*.] ■ **Fechar o** ~ *Fut*. Ter o goleiro excelente atuação, fazendo defesas difíceis. ~ **contra** *Fut*. Gol feito contra a própria meta. ~ **de honra** *Fut*. O único gol de uma equipe derrotada. ~ **de ouro** *Fut*. Na prorrogação de jogo empatado no tempo normal, gol que decide a partida em qualquer momento a favor da equipe que o marcou. ~ **de placa** *Fut. Gír*. Gol de exímia feitura ou de grande beleza.

gola (go.la) *sf*. Parte da roupa que fica junto ao pescoço ou em volta dele: *blusas de gola alta*.

gole (go.le) *sm*. Porção de qualquer líquido que se engole de uma só vez.

goleada (go.le:*a*.da) *sf. Bras. Fut.* Ação ou resultado de fazer grande número de gols numa partida: *ganhar/perder de goleada*.

goleador (go.le:a.*dor*) [ô] *a.sm. Bras. Fut.* Que ou quem marca muitos gols.

golear (go.le.*ar*) *v. Fut.* **1** Ganhar por uma grande diferença de gols. [*td*.: *O Brasil goleou a França por 4 a 0*.

int.: *Meu time desperdiçou a chance de golear*.] **2** Fazer muitos gols em uma partida. [*int*.: *O atacante prometeu golear*.] [▶ 13 gol**ear**]

goleiro (go.*lei*.ro) *sm. Bras. Fut.* Jogador que atua no gol e pode usar as mãos para defender a bola.

golfada (gol.*fa*.da) *sf*. Porção de líquido, vômito ou sangue, lançado de uma só vez: *A babá apressou-se em limpar a golfada da criança*.

golfar (gol.*far*) *v*. Expelir (líquido) em golfadas. [*td*.: *O acidentado golfava sangue*. *int*.: *Depois de mamar, o bebê golfou*.] [▶ 1 golf**ar**]

golfe (gol.fe) [ô] *sm. Esp*. Jogo de origem escocesa cujo objetivo é introduzir uma bola pequena em buracos espalhados num campo, com o menor número possível de tacadas. ● gol.*fis*.ta *s2g*.

golfinho (gol.*fi*.nho) *sm*. **1** *Zool*. Mamífero marinho com focinho alongado, conhecido pela sua inteligência. **2** *Esp*. Estilo de nado que imita os movimentos desse animal: *O golfinho é uma variante do nado borboleta*.

golfo (*gol*.fo) [ô] *sm. Geog*. Porção de mar que avança pela terra, formando uma abertura muito ampla.

golpe (gol.pe) *sm*. **1** Pancada forte: *Marcos tem a marca do golpe que deu contra a porta*. **2** *Fig*. Desgraça, infortúnio: *A perda dos pais foi um golpe para Alice*. **3** *Fig*. Manobra ardilosa; ROMBO: *O advogado deu um golpe na empresa*. **4** *Fig*. Ação ou acontecimento súbito e imprevisto: *golpe de sorte*. ■ ~ **de Estado** Usurpação violenta do governo de um país. ~ **de vista** **1** Olhar rápido; relance. **2** Capacidade de perceber e avaliar situação com um rápido olhar.

golpear (gol.pe.*ar*) *v. td*. **1** Acertar (batidas, pancadas etc.) em. **2** Afetar duramente: *A crise econômica que golpeou o país*. [▶ 13 golp**ear**]

golpista (gol.*pis*.ta) *a2g.s2g*. **1** Que ou quem aplica golpe (3) (golpista notório); VIGARISTA. **2** Que ou quem usurpa violentamente o governo.

goma (*go*.ma) *sf*. **1** Substância viscosa exsudada de certos vegetais. **2** *Bras*. Preparado us. para engomar roupas. **3** *Bras*. Cola de farinha e água. ■ ~ **de mascar** Pequeno doce, feito de chicle (1), de consistência elástica, com diversos sabores e que serve para mascar; CHICLETE.

goma-arábica (go.ma-a.*rá*.bi.ca) *sf. Quím*. Cola feita da resina de uma árvore do mesmo nome. [Pl.: *gomas-arábicas*.]

goma-laca (go.ma-*la*.ca) *sf. Quím*. Resina vegetal corante aplicada ger. sobre a madeira. [Pl.: *gomas-lacas* e *gomas-laca*.]

gomo (*go*.mo) *sm*. Cada uma das divisões naturais da polpa de frutas como tangerina, laranja etc.

gônada (*gô*.na.da) *sf. Anat*. Glândula sexual (ovário ou testículo).

gôndola (*gôn*.do.la) *sf*. **1** Barco comprido e estreito com as extremidades elevadas e um só remo, típico de Veneza. **2** *Bras. Mkt*. Prateleira de mercadorias em supermercados. ● gon.do.*lei*.ro *sm*.

gongar (gon.*gar*) *v. td. Bras. Gír*. Eliminar (calouro) de competição por causa de uma apresentação ruim. [▶ 14 gong**ar**]

gongo (*gon*.go) *sm. Mús*. Instrumento de percussão constituído de um disco de metal percutido com uma baqueta de ponta acolchoada. ■ **Salvo pelo** ~ Salvo de uma situação difícil no último momento.

gonococo (go.no.*co*.co) [ô] *sm. Bac*. Bactéria causadora da gonorreia.

gonorreia (go.nor.*rei*.a) *sf. Med*. Doença venérea que se caracteriza, no homem, pela secreção purulenta que sai da uretra.

gonzo (*gon*.zo) *sm*. Dobradiça de porta ou janela.

Caldas Aulete. *Minidicionário contemporâneo da língua portuguesa/Caldas Aulete*. Rio de Janeiro: Lexikon, 2013. p. 405.

3 Observe os verbetes da página anterior e faça o que se pede.

> **Verbete** é o apontamento relativo a cada uma das palavras que aparecem nas páginas de dicionários, enciclopédias, glossários, com seus significados e exemplos.

a) Copie todas as palavras em negrito relacionadas a **goleador**.

_____

b) Explique: Por que o verbete **goleador** vem depois de **gol** e antes de **goleiro**?

_____

c) Se você tivesse de incluir o verbete **golaço** nessa página de dicionário, onde ele entraria?

_____

d) Você sabe o significado do verbete **golaço**?

_____

_____

4 Veja uma lista com os dez melhores jogadores brasileiros de futebol da história. Escreva a lista em ordem alfabética.

1º – Pelé	6º – Jairzinho
2º – Garrincha	7º – Romário
3º – Ronaldo	8º – Falcão
4º – Zico	9º – Ronaldinho
5º – Sócrates	10º – Gérson

Fonte: Bleacher Report. Disponível em: <http://esportes.terra.com.br/futebol/americanos-listam-20-melhores-jogadores-brasileiros-da-historia,2da3245670b4c310VgnVCM4000009bcceb0aRCRD.html>. Acesso em: 17 set. 2015.

_____   _____

_____   _____

_____   _____

_____   _____

5 Organize uma lista, em ordem alfabética, com o nome completo e o telefone ou *e-mail* de pessoas de sua convivência, como amigos, vizinhos e familiares.

Se dois nomes iniciarem pela mesma letra, observe a segunda letra para ordená-los. Se a segunda letra também for igual, observe a terceira letra, e assim por diante.

Nome completo	Telefone ou *e-mail*

 Texto 2

 Poema

O lobo é personagem de alguns contos de fadas. Observe o texto a seguir e leia o título.

Seu Lobo

Seu Lobo, por que esses olhos tão grandes?
Pra te ver, Chapeuzinho.

Seu Lobo, pra que essas pernas tão grandes?
Pra correr atrás de ti, Chapeuzinho.

Seu Lobo, por que esses braços tão fortes?
Pra te pegar, Chapeuzinho.

Seu Lobo, pra que essas patas tão grandes?
Pra te apertar, Chapeuzinho.

Seu Lobo, por que esse nariz tão grande?
Pra te cheirar, Chapeuzinho.

Seu Lobo, por que essa boca tão grande?
Ah, deixa de ser enjoada, Chapeuzinho!

Sérgio Capparelli. *111 poemas para crianças*. Porto Alegre: L&PM, 2003. p. 19.

1 Em sua opinião, esse texto é um conto de fadas? Por quê?

_____

_____

2 Ao ler o poema, você lembrou de algum conto de fadas? Qual?

_____

3 O poema foi inspirado em que parte desse conto?

a) ☐ No início.　　　　b) ☐ No meio.　　　　c) ☐ No final.

4 O poema é uma conversa entre:

a) ☐ Chapeuzinho e a avó dela.

b) ☐ A avó de Chapeuzinho e o Lobo.

c) ☐ O Lobo e Chapeuzinho.

5 No poema e no conto de fadas, o lobo responde de maneiras diferentes quando Chapeuzinho pergunta por que ele tem a boca tão grande.

a) Qual é a resposta do Lobo no conto de fadas? Se você não souber ou não se lembrar da história, peça ajuda a uma pessoa de sua convivência.

_____

b) Qual é a resposta do Lobo no poema?

_____

6 Leia a explicação do quadro e depois circule a opção correta.

> **Verso** é cada linha de um poema.
> **Estrofe** é um conjunto de versos.

a) O poema "Seu Lobo" tem:

　• 3 estrofes.　　　　• 12 estrofes.　　　　• 6 estrofes.

b) Em cada estrofe há:

　• 2 versos　　　　• 3 versos　　　　• 6 versos.

7 A linguagem usada no poema é:

a) ☐ mais descontraída, parecida com a que usamos para nos comunicar com pessoas de nossa convivência.

b) ☐ mais cuidada, parecida com a que usamos para nos comunicar com pessoas de quem não temos proximidade.

8 Marque com um **X** as palavras do poema que confirmam sua resposta na questão 7.

a) ☐ Lobo
b) ☐ pra
c) ☐ apertar
d) ☐ Seu
e) ☐ olhos
f) ☐ grandes
g) ☐ ah
h) ☐ te
i) ☐ Chapeuzinho

> A **linguagem informal** é usada quando nos comunicamos com pessoas com quem temos proximidade, como amigos e parentes.
>
> A **linguagem formal** é usada em discursos, reuniões, documentos, palestras. Costuma ser utilizada quando não há familiaridade entre as pessoas que se comunicam.

9 Leia este trecho do conto de fadas *Chapeuzinho Vermelho*.

"Bom dia, Chapeuzinho Vermelho", disse o lobo.
"Bom dia, senhor Lobo", ela respondeu.
"Aonde está indo tão cedo de manhã, Chapeuzinho Vermelho?"
"À casa da vovó."

Maria Tatar (Ed.). *Contos de fadas*.
Trad. Maria Luiza X. de A. Borges.
Rio de Janeiro: Zahar, 2013.
p. 36-37.

a) Como Chapeuzinho se refere ao Lobo nesse trecho? O que esse tratamento indica?
_____
_____

b) No poema, que expressão é usada para se referir ao Lobo?
_____

c) O que esse tratamento indica?
- ☐ É uma forma carinhosa e respeitosa de chamar o Lobo e indica que ele e a Chapeuzinho têm proximidade.
- ☐ Indica que o Lobo pertence à Chapeuzinho.

Língua: Ortografia

Som nasal marcado por **m, n e til**

1 Leia em voz alta as palavras a seguir, retiradas dos poemas que você conheceu neste capítulo.

a) Chapeuzinho
b) também
c) Sansão
d) enjoada
e) campeão
f) esconde
g) jogador
h) pensam
i) herói
j) grande
k) vencedor
l) importa

- Faça uma segunda leitura segurando levemente o nariz com o dedo polegar e o indicador, sem tapá-lo totalmente.
- Ao pronunciar algumas palavras, você deve ter sentido o nariz vibrar. Essas palavras têm som nasal. Circule-as.

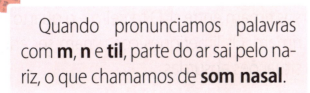

Quando pronunciamos palavras com **m, n** e **til**, parte do ar sai pelo nariz, o que chamamos de **som nasal**.

29

2 Leia estes limeriques e pinte as ilustrações.

Ao ver uma velha coroca
fritando um filé de minhoca
o Zé Minhocão
falou pro irmão:
"Não achas melhor ir pra toca?"

Tatiana Belinky. In: Vera Aguiar (Coord.), Simone Assumpção e Sissa Jacoby (Org.). *Poesia fora da estante*. Porto Alegre: Projeto, 2007. p. 87.

Eu tenho uma amiga ausente
Que a guardo assim na minha mente
Há um tempo não a vejo
Mas o meu desejo
É ter minha amiga presente.

Cesar Obeid. *Criança poeta*. São Paulo: Editora do Brasil, 2011. p. 15.

3 Responda às questões.

a) Quantos versos há em cada limerique? _____

b) E quantas estrofes? _____

c) Ligue as palavras que rimam.
- coroca
- Minhocão
- ausente
- vejo

desejo
presente
minhoca
irmão

Limeriques são poemas de cinco versos e uma única estrofe. O primeiro, o segundo e o quinto versos rimam entre si. O terceiro e o quarto versos são mais curtos e também rimam. Os limeriques costumam ser engraçados e geralmente abordam situações absurdas.

4. Pinte as palavras dos limeriques que estão no quadro a seguir, de acordo com as legendas.

🟩 som nasal marcado por **til** 🟥 som nasal marcado por **m**

🟦 som nasal marcado por **n**

| ausente | fritando | não | tempo |

| minhocão | irmão | um | presente |

Produção de texto

Limerique

Para preparar a escrita

1. Leia mais um limerique:

Professora

Na escola sorrindo eu aprendo
Os mapas, as datas, entendo
Tudo me motiva
Isso é prova viva
De que eu estou sempre crescendo.

Cesar Obeid. *Criança poeta*. São Paulo: Editora do Brasil, 2011. p. 11.

Para escrever o limerique

2. Agora é sua vez! Primeiro pense em um tema para escrever seu limerique; depois lembre-se de palavras relacionadas a esse tema e de outras palavras que rimam com elas. Complete o quadro.

Palavras relacionadas ao tema	Palavras que rimam com elas

3 Pense em uma situação engraçada para começar o limerique. Escreva o primeiro verso.

_____

_____

4 Pense em palavras que rimem com o final do primeiro verso e escreva o segundo verso contando uma história.

5 No terceiro e quarto versos, crie uma reviravolta para sua história.

6 Consulte a lista de rimas que você elaborou e encerre a história de forma divertida.

Para revisar o texto

7 Observe o limerique que você escreveu e responda **sim** ou **não**.

	Sim	Não
Tem cinco versos?		
Há uma única estrofe?		
A situação é engraçada?		
O primeiro verso rima com o segundo e o quinto?		
O terceiro verso rima com o quarto?		

Se você marcou **Sim** em todas as respostas, parabéns! Volte ao limerique apenas para verificar se todas as palavras estão escritas corretamente.

Se você marcou **Não** em alguma resposta, volte ao limerique e reveja toda a estrutura dele.

8 Depois de fazer as correções necessárias, passe o texto a limpo nas linhas seguir; depois leia-o para as pessoas de sua família.

_____

_____

_____

_____

_____

9. Faça um desenho para representar seu limerique.

CAPÍTULO 3

Texto 1

A fábula que você lerá começa com um rato que foi passear em cima de um leão adormecido. Que corajoso esse rato! Será que o leão vai acordar? Será que o rato vai escapar dessa? Leia o texto para descobrir.

O leão e o rato

Um rato foi passear sobre um leão adormecido. Quando este acordou, pegou o rato. Já estava para devorá-lo quando o rato pediu-lhe para deixá-lo ir embora:

— Se me poupares — disse —, te serei útil.

E o leão, achando aquilo engraçado, soltou-o. Tempos depois, o leão foi salvo pelo rato agradecido. O leão fora capturado por caçadores que o amarraram a uma árvore. O rato o ouviu gemer: foi até lá, roeu as cordas e o libertou. E disse ao leão:

— Naquele dia zombaste de mim porque não esperavas que eu mostrasse minha gratidão; aprende então que entre os ratos também se encontra o reconhecimento.

Quando a sorte muda, os mais fortes têm necessidade dos mais fracos.

Fábula de Esopo.

1 Releia o início da fábula.

> Um rato foi passear sobre um leão adormecido. Quando **este** acordou, pegou o rato. Já estava para devorá-**lo** quando o rato pediu-**lhe** para deixá-**lo** ir embora:

Os termos destacados servem para evitar a repetição das palavras **rato** e **leão** no texto.

• Complete os itens a seguir com as palavras **rato** ou **leão**. Em caso de dúvida, releia o texto e observe o uso dessas palavras.

a) **este** refere-se ao _____

b) **–lo** (em devorá-**lo**) refere-se ao _____

c) **–lhe** (em pediu-**lhe**) refere-se ao _____

d) **–lo** (em deixá-**lo**) refere-se ao _____

2 Responda às questões a seguir de acordo com a fábula.

a) O rato cumpriu o que prometeu ao leão? Como?

_____

_____

_____

b) Como o rato soube que o leão estava em apuros?

_____

_____

3 Que favor o leão fez ao rato?

_____

> As fábulas servem para aconselhar, transmitir um ensinamento e fazer uma crítica. O ensinamento é chamado de **moral da história**.

4 Copie a moral da fábula *O leão e o rato*.

_____

_____

_____

Língua: Gramática

Classificação das palavras quanto ao número de sílabas

1 Encontre na fábula *O leão e o rato* as palavras solicitadas a seguir, copie-as e separe-as em sílabas.

a) Palavra de cinco sílabas que tem o mesmo sentido de **precisão**, **carência**.
_____ ☐ - ☐ - ☐ - ☐ - ☐

b) Palavra de quatro sílabas que nomeia aqueles que praticam a caça.
_____ ☐ - ☐ - ☐ - ☐

c) Palavra de cinco sílabas que caracteriza quem está dormindo.
_____ ☐ - ☐ - ☐ - ☐ - ☐

d) Palavra de duas sílabas que significa algo que tem ou pode ter algum uso.
_____ ☐ - ☐

2 Circule em cada item a palavra que está corretamente separada em sílabas.

a) passear
    pa-sse-ar   pas-se-ar   pa-ssear

b) quando
    qu-an-do   qua-n-do   quan-do

c) capturado
    cap-tu-ra-do   ca-ptu-ra-do   ca-p-tu-ra-do

d) amarraram
    ama-rra-ram   a-mar-ra-ram   a-ma-rra-ram

Os dígrafos **ch**, **nh**, **lh**, **gu** e **qu** não se separam.
Os dígrafos **rr**, **ss**, **sc**, **xc**, **sç** sempre se separam.
Não se separam os encontros consonantais perfeitos, isto é, consoante mais **l** (**gl**orioso) ou mais **r** (**gr**atidão).
Nos demais encontros consonantais, cada consoante fica em uma sílaba diferente.

3 Pense na quantidade de sílabas do nome de cada animal das fotografias. Depois, escreva o nome deles na coluna correspondente.

2 sílabas	3 sílabas	4 sílabas

4 Releia este trecho da fábula *O leão e o rato*.

— Naquele dia zombaste de mim porque não esperavas que eu mostrasse minha gratidão; aprende então que entre os ratos também se encontra o reconhecimento.

• Conte os quadrinhos dos itens a seguir e escolha palavras do trecho acima, separando-as em sílabas, para completá-los. Em seguida, pinte as palavras de acordo com as legendas.

▪ monossílaba   ▪ dissílaba   ▪ trissílaba   ▪ polissílaba

a) ☐-☐-☐-☐

b) ☐

c) ☐-☐-☐

d) ☐-☐

Classificação das palavras quanto à posição da sílaba tônica

1 Leia em voz alta estas palavras do texto e circule a sílaba tônica.

a) leão   b) arapuca   c) rápido

> **Sílaba tônica** é aquela pronunciada com mais intensidade.

2 Leia a moral de duas fábulas e pinte as cenas.

Ao trabalhador que realiza seu trabalho com zelo e persistência, sempre o êxito o espera.

Disponível em: <http://sitededicas.ne10.uol.com.br/fabula_lebre_tartaruga.htm>. Acesso em: 21 set. 2015.

Ao não aceitar as próprias limitações, perde o indivíduo a oportunidade de corrigir suas falhas...

Disponível em: <http://sitededicas.ne10.uol.com.br/fabula30a.htm>. Acesso em: 21 set. 2015.

3 Leia as palavras retiradas da moral das fábulas, separe suas sílabas preenchendo a coluna do meio e, na terceira coluna, acrescente a sílaba tônica. Faça como no exemplo.

palavra	separação silábica	sílaba tônica
trabalhador	tra-ba-lha-dor	dor
trabalho		
persistência		
êxito		
próprias		
limitações		
indivíduo		
oportunidade		
corrigir		

4 Classifique as palavras quanto à posição da sílaba tônica, como no exemplo.

palavra	posição da sílaba tônica	classificação
trabalhador	última	oxítona
trabalho		
persistência		
êxito		
próprias		
limitações		
indivíduo		
oportunidade		
corrigir		

 **Diálogo**

Leia outro texto em que o rato e o leão são personagens.

O Rato e o Leão

— Opa, senhor Leão, peço desculpas.
— Ê, Rato, de onde você surgiu?
— Estava no meu buraco, o senhor é que não viu.
— É, não vi.
— Peço-lhe desculpas.
— Pare de se desculpar, vá procurar outro lugar.
— Obrigado por sua misericórdia.
— Tchau, Rato.
— Se precisar de mim....
— Suma, Rato, chega, fim!!!
— Adeus.
— Era só o que faltava, o rei precisar de um rato. Vou beber água no regato... Mas o que é isso, uma rede, uma arapuca?!!!! Arrgh, rouurrrrrr, roooaaaaaaaahh!!!

— Rei Leão, o senhor me chamou?
— Fora daqui, Rato, não quero que me veja morto, preso nesta cilada.
— Sou-lhe muito grato. Meu dente pode ser torto, mas roo corda em quase nada.
— Quero ver.
— Vai ser rápido.
— Opa, que maravilha, Rato, me recomende ao seu dentista!
— Rei Leão, cada um tem a sua dentição...
— Obrigado, Rato, até a vista.
— Agora podemos andar juntos, amigão.
— Rato, acho melhor você cuidar da sua vida.
— Poderíamos ser amigos, ou coisa parecida.
— Se liga, Rato, sou um Leão!

Gilles Eduar. *Diálogos fabulosíssimos*. São Paulo: Companhia das Letrinhas, 2011. p. 42-43.

1 Releia o início do diálogo.

> — Opa, senhor Leão, peço desculpas.
> — Ê, Rato, de onde você surgiu?
> — Estava no meu buraco, o senhor é que não viu.
> — É, não vi.
> — Peço-lhe desculpas.
> — Pare de se desculpar, vá procurar outro lugar.
> [...]

a) Qual é o nome do sinal de pontuação que aparece no início de cada fala?

_____

> Nos diálogos, o **travessão** indica a mudança de fala entre os interlocutores, isto é, entre as pessoas que participam da conversa.

b) Que personagem inicia o diálogo? O que você observou para responder?

_____

_____

_____

2 Compare o Texto 1 e o Texto 2 e numere as informações de acordo com o texto a que elas se referem.

| 1 | Fábula *O leão e o rato* | | 2 | Diálogo *O Rato e o Leão* |

a) ☐ O Rato estava em um buraco.

b) ☐ A moral da história aparece no final do texto.

c) ☐ Há onomatopeias.

d) ☐ A linguagem do texto é mais informal.

e) ☐ O Leão caiu em uma arapuca.

f) ☐ O rato passeou por cima do leão.

g) ☐ Há frases interrogativas.

h) ☐ Todas as falas são introduzidas por travessão.

i) ☐ O Leão é chamado de Rei.

j) ☐ O Leão agradece a ajuda do Rato.

k) ☐ O leão foi amarrado a uma árvore.

l) ☐ Partes do texto são contadas por alguém que não participa da história.

Língua: Ortografia

Letras c e qu

1 Leia as palavras do quadro em voz alta. Depois escreva essas palavras nas colunas correspondentes agrupando-as de acordo com o som das letras **c** e **qu**. Veja os exemplos.

caqui – cinema – surucucu – acerola – parque
jacaré – quiabo – queijo – cupim – aceso – coelho
máquina – cavalo – moleque – cebola – paciência
coruja – pequeno – cachorro – bacia – quitanda
marreco – macio – cenoura

surucucu	cinema	caqui

A letra **c** seguida de **a**, **o** e **u** tem o som de /k/.
A letra **c** seguida de **e** e **i** tem som de /s/.
A letra **q** vem sempre seguida da letra **u**. As letras **qu** têm som /k/ quando seguidas de **e** e **i**.

2 Complete as palavras com as sílabas que estão faltando. Depois, copie-as.

a)

_____ derno

_____

c)

_____ miseta

_____

e)

ma _____ xeiras

_____

b)

a _____ rela

_____

d)

_____ drado

_____

f)

a _____ rio

_____

Produção de texto

Diálogo

1 Leia o diálogo abaixo.

a)

☐ **Ana:** — Imagina. Nos encontramos às 13h?

☐ **Felipe:** — Eu não consegui. Fiz a de Ciências e a de Português, mas esqueci a de Matemática.

☐ **Ana:** — Fiz, mas achei tão difícil!

☐ **Felipe:** — Nossa, você me ajudaria muito!

☐ **Ana:** — Oi, Felipe. Tudo bem?

☐ **Felipe:** — Combinado!

☐ **Ana:** — Posso te ajudar a fazer. Quer?

☐ **Felipe:** — Oi. Tudo. Você conseguiu fazer a lição de Matemática?

• O diálogo que você acabou de ler parece um pouco confuso, não? É porque as falas não estão na ordem correta. Numere-as na sequência adequada. Depois faça o mesmo com os diálogos a seguir.

b)

☐ **Murilo:** — Vou tentar perguntar mais.

☐ **Professora:** — Murilo, você não foi muito bem na prova. O que aconteceu?

☐ **Murilo:** — Parece interessante porque assim podemos trocar ideias!

☐ **Professora:** — Mas por que você não tirou suas dúvidas?

☐ **Murilo:** — Então, professora, tive muita dificuldade com essa parte da matéria.

☐ **Professora:** — Tive uma ideia! Vou organizar vocês em pequenos grupos para estudarem antes das provas.

☐ **Murilo:** — Eu sou tímido, tenho medo de que riam de mim.

☐ **Professora:** — Todo mundo está aqui para se ajudar e aprender.

c)

☐ **Avó:** — Venha! Peça para sua mãe te trazer. Prometo que vou preparar várias coisas gostosas, como aquela musse...

☐ **Luana:** — Vó! Também estou com saudade! Estou bem, e você? Quero ir te visitar logo.

☐ **Avó:** — Mas, olha, isso tudo tem que ser nosso segredo. Senão sua mãe vai ficar falando que eu te encho de besteira.

☐ **Luana:** — Aquela musse de maracujá?! Ai, agora estou morrendo de vontade.

☐ **Avó:** — Luaaaaaaana, que saudade! Como você está?

☐ **Luana:** — Nossa, vó! Vou dar um jeito de ir aí esta semana. Me espere.

☐ **Avó:** — E também pensei em fazer bolinhos de chuva, que você tanto adora.

☐ **Luana:** — Combinadíssimo, vovó! Será nosso segredinho.

2 Leia a tirinha dos personagens Níquel Náusea e Gatinha, do cartunista Fernando Gonsales.

Disponível em: <www2.uol.com.br/niquel/>. Acesso em: 21 set. 2015.

Nas histórias em quadrinhos, a fala dos personagens aparece dentro de balões. Você também viu que, em outros tipos de texto, o travessão é usado para indicar a fala deles.

O modo de contar um acontecimento reproduzindo as falas dos personagens chama-se **discurso direto**.

- Se o diálogo da tirinha não estivesse em balões, como ele poderia ser escrito? Lembre-se de indicar a fala dos personagens.

_____
_____
_____
_____
_____
_____
_____
_____
_____

3 Agora é sua vez: em uma folha avulsa, escreva um breve diálogo entre você e uma pessoa de sua convivência.

Texto 1

Sinopse de livro

Observe a imagem que acompanha o texto. Como você imagina que é a história contada neste livro? Leia a sinopse para confirmar o que você pensou ou para descobrir do que trata o livro.

Diário de Pilar na África

Flávia Lins e Silva

Na luta pela liberdade e contra a injustiça, Pilar e seus amigos vão parar do outro lado do Atlântico e aprendem muito sobre a cultura africana.

Pilar, Breno e o gato Samba embarcam na rede mágica e vão parar na África, onde conhecem Fummi, uma princesa iorubá. Juntos, eles tentarão salvar sua família e seu povo, capturados por comerciantes de escravos.

Viajando da Nigéria a Angola, Pilar e seus amigos aprendem várias coisas sobre a história da África, seus animais e sua cultura. Os quatro aventureiros contam com a ajuda de um elefante para atravessar florestas, enfrentam o mar bravio num pequeno veleiro, galopam na perigosa savana montados em uma zebra, descem o rio Congo ao lado da poderosa rainha Jinga e enfrentam os donos dos navios negreiros.

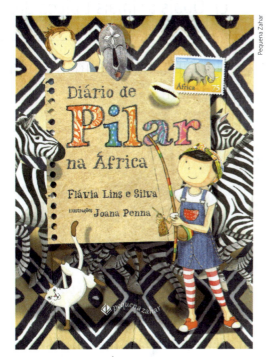

Diário de Pilar na África. Texto de Flávia Lins e Silva. Ilustrações de Joana Penna. Pequena Zahar. 192 páginas.

Disponível em: <www.zahar.com.br/livro/di%C3%A1rio-de-pilar-na-%C3%A1frica>. Acesso em: 23 out. 2015.

1 Leia o texto verbal (as palavras) que está na capa do livro e complete os itens a seguir.

a) Título do livro: _____

b) Nome da autora: _____

c) Nome da ilustradora: _____

d) Nome da editora: _____

2 Agora observe o texto não verbal (as imagens) da capa do livro e responda às questões.

a) Quem você acha que são os personagens ilustrados?

_____

b) O que o menino está segurando?

_____

c) Quais animais típicos das savanas africanas aparecem ilustrados?

_____

3 Na capa, há dois instrumentos musicais. Ligue as fotografias ao nome de cada um.

a)

Dorling Kindersley/Getty Images

caxixi

b)

pilgrim.artworks/Shutterstock.com

berimbau

4 O texto que você leu é uma sinopse. Esse texto foi escrito para:

a) ☐ divertir o leitor.

b) ☐ trazer um ensinamento.

c) ☐ apresentar brevemente o conteúdo do livro.

5 De acordo com a sinopse, o que o leitor vai descobrir sobre o continente africano ao ler o livro?

_____

_____

_____

6 Ao final da sinopse, há algumas informações sobre o livro. Que informações são essas?

_____

7 Em sua opinião, por que você acha que essas informações foram dadas no texto?

_____

_____

Língua: Gramática

Substantivos próprios e comuns

1 Leia os trechos a seguir.

> Pilar embarcou para a África com seu amigo Breno e seu gato Samba.

> Da África herdamos danças, como o samba; comidas, como o acarajé; além de crenças e muito conhecimento.

a) Descubra a palavra que aparece nos dois trechos, mas é escrita de formas diferentes, e circule-a.

49

b) Qual é a diferença entre essas palavras?

_____

_____

_____

c) Você sabe explicar por que essas palavras foram escritas desse modo?

_____

_____

_____

Os **substantivos próprios** nomeiam um ser em particular, como uma pessoa, um animal de estimação, um lugar, uma cidade, um país, uma rua etc. Eles são escritos com letra inicial maiúscula.

Os **substantivos comuns** indicam o nome de todos os seres da mesma espécie, como nomes de objetos, frutas, flores, sentimentos, animais, plantas. Eles são escritos com letra inicial minúscula.

2 Desenhe um gato e invente um nome para ele.

3 Complete as frases com as palavras do quadro.

> comum – próprio

a) A palavra **gato** é um substantivo _____.

b) O nome escolhido para o gato que você desenhou é um substantivo _____.

c) **Samba** é um substantivo _____, porque nomeia o gato de Pilar.

d) O substantivo **samba** é _____, porque indica o nome comum dado a um tipo de dança.

4 Leia estes substantivos, que fazem parte da sinopse, e copie-os nas colunas adequadas.

> Fummi – povo – Congo – rede – Silva – Joana
>
> princesa – zebra – Breno – florestas

Substantivos comuns	Substantivos próprios

5 Circule os substantivos de acordo com a legenda.

🟩 substantivos próprios   🟦 substantivos comuns

a) Pilar vai conhecer uma princesa africana e viver uma aventura inesquecível.

b) Nigéria, Angola e Congo são países africanos.

c) Da África, herdamos comidas, como o acarajé; lutas e danças, como o maculelê e o samba; além de crenças, palavras e muita sabedoria.

Sinopse de livro

Você lerá outra sinopse.

O livro de Mércia Leitão e Neide Duarte aborda a relação entre um neto e seu avô de origem africana. Por meio de objetos, como máscaras, vestimentas e histórias cheias de encanto e magia, o avô resgata de forma emocionante o seu passado e proporciona ao neto uma verdadeira viagem, apresentando-lhe a beleza, a riqueza e a diversidade da história e cultura do continente africano.

Autoras: Mércia Maria Leitão e Neide Duarte

[...]
Páginas: 48
Formato: 20,5 × 27,5
Ano de lançamento: 2014

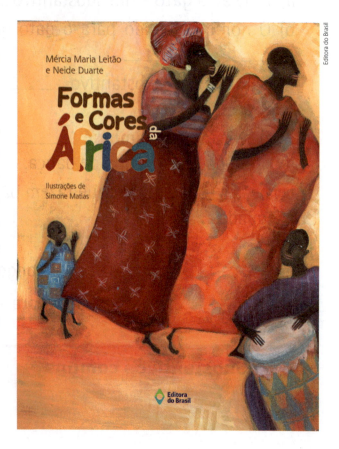

Disponível em: <www.editoradobrasil.com.br/lojavirtual/detalhe.asp?CODIGO=73350101311>. Acesso em: nov. 2015.

1 Circule na imagem o nome do livro a que ela se refere.

2 De acordo com a sinopse, como o neto conhecerá o passado do avô?

a) ☐ O avô e o neto viajarão para a África.

b) ☐ O avô mostrará objetos e roupas e contará histórias ao neto.

c) ☐ O neto ganhará uma rede mágica, como a da personagem Pilar.

3 A sinopse que você leu foi publicada:

a) ☐ em um livro.

b) ☐ em uma revista.

c) ☐ no *site* de uma editora.

d) ☐ no *site* de uma livraria.

4. Leia a seguir alguns comentários sobre o livro.

> A capa do livro é muito bonita. Parece que as pessoas estão dançando.

> Meus avós também são de origem africana e eles sempre têm muita história para contar.

> Eu fiquei curioso para saber como são as máscaras.

> Eu quero ler este livro porque estou estudando cultura africana nas aulas de História.

- Você se interessou pela leitura do livro *Formas e cores da África*? Que comentário faria a respeito dele?

_____
_____
_____

Língua: Ortografia

Letra s com som de z

1. Leia em voz alta estas palavras retiradas das sinopses que você leu neste capítulo.

> máscaras – coisas – história – princesa – objetos
> perigosa – resgata – poderosa – passado

- Copie do quadro acima somente as palavras em que a letra **s** tem o som de **z**.

_____
_____

> Quando a letra **s** aparece entre vogais, ela tem o som de **z**.

2 Complete as palavras com **s** ou **z** e copie-as.

a) análi___e _____
b) desli___e _____
c) avi___o _____
d) certe___a _____
e) ingle___a _____
f) poeti___a _____
g) cafe___al _____
h) glico___e _____
i) pai___agem _____
j) bu___ina _____
k) a___eite _____
l) pobre___a _____
m) rapo___a _____
n) reali___ação _____
o) surde___ _____
p) lou___a _____
q) amoro___o _____
r) limpe___a _____

3 Complete o diagrama com as palavras do quadro.

fusão – cheiroso – mesquinhez – magreza – aterrorizar
analisar – polonesa – clareza – maisena

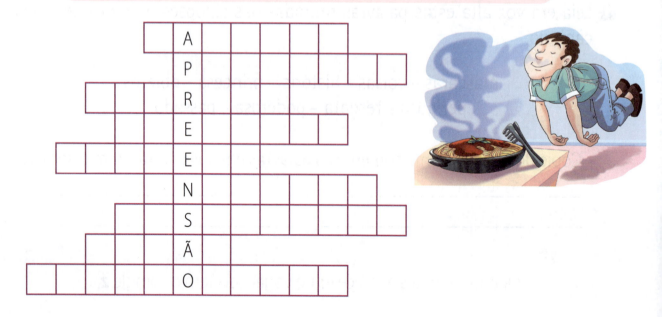

54

Produção de texto

Sinopse de livro

Para começar

1. Procure na biblioteca da escola um livro de Literatura Infantil indicado para alunos do 2º ano. Você também pode usar um livro que tenha em casa ou pedir emprestado a um amigo ou familiar.

2. Leia o livro que você escolheu.

Para escrever a sinopse

3. Depois de ler o livro, identifique:
   - o título do livro;
   - o nome do autor;
   - o nome do ilustrador;
   - o nome da editora;
   - a quantidade de páginas;
   - o ano de lançamento ou publicação;
   - o que o livro tem de mais interessante.

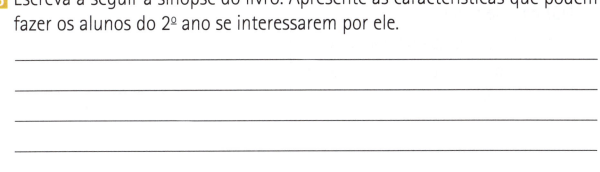

4. Pense nos motivos que levariam um aluno do 2º ano a ler esse livro.

5. Escreva a seguir a sinopse do livro. Apresente as características que podem fazer os alunos do 2º ano se interessarem por ele.

_____
_____
_____
_____
_____
_____
_____

55

Para revisar o texto

6 Faça uma revisão do texto. Verifique se você:

a) identificou o título do livro, o autor, o ilustrador, a editora, a quantidade de páginas, o ano de lançamento ou publicação;

b) escreveu corretamente as palavras;

c) apresentou brevemente o conteúdo do livro;

d) usou uma linguagem adequada para os alunos do 2º ano;

e) motivou o leitor a se interessar pela história;

f) usou letra inicial maiúscula nos substantivos próprios.

Para finalizar

7 Passe a sinopse a limpo em uma folha de papel.

8 Desenhe a capa do livro junto ao texto que você produziu.

9 Ao lado da capa, escreva as informações sobre o livro, como mostra o esquema a seguir.

Título do livro
Nome do autor
Nome do ilustrador
Nome da editora
Número de páginas
Ano de lançamento ou publicação
(Outras informações que você achar importantes.)

Imagem da capa do livro

10 Entregue sua sinopse para o professor expor nas salas do 2º ano da escola.

CAPÍTULO 5

Texto 1

Conto de repetição e acumulação

Durante a leitura do conto a seguir, observe que algumas partes da história são encadeadas e repetitivas. Um novo fato é acrescentado ao acontecimento anterior, sucessivamente.

O céu está caindo!

Era uma vez uma galinha que andava ciscando embaixo de uma jabuticabeira, quando uma jabuticabinha seca caiu bem em cima da sua cabeça. A galinha assustou-se e pensou: "Meu Deus! O céu está caindo!". E saiu correndo, espavorida.

No caminho, encontrou-se com o pato e pôs-se a cacarejar:

— Corra, pato, vamos nos proteger, que o céu está caindo!

— Quem lhe disse isso?

— Um pedacinho do céu caiu bem no meu cocuruto.

O pato, amedrontado, seguiu a galinha.

Logo à frente, estava o pintinho.

— Venha conosco, pintinho — grasnou o pato —, pois o céu está caindo!

— Quem lhe disse isso?

— Quem me disse foi a galinha, que sentiu um pedacinho do céu cair bem no seu cocuruto.

O pintinho achou melhor ir com eles.

Correram mais um pouco e esbarraram no peru.

— Vamos fugir, peru, que o céu está caindo! — piou o pintinho.

— Quem lhe disse isso?

— Quem me disse foi o pato, que ouviu da galinha, que sentiu um pedacinho do céu cair bem no seu cocuruto.

O peru, alarmado, foi logo se juntando à turma.

Iam naquele alarido, cacarejando, grasnando, piando e grugulejando, quando encontraram a raposa.

— Esperem! Aonde vão com tanta pressa?

— Estamos procurando um abrigo, pois o céu está caindo! — foi a vez de o peru grugulejar.

— Quem lhe disse isso?

— Quem me disse foi o pintinho, que ouviu do pato, que ouviu da galinha, que sentiu um pedacinho do céu cair bem no seu cocuruto.

— Um pedacinho do céu? — regougou a esperta raposa. Isso é mesmo perigoso! Mas eu sei de um lugar onde poderemos ficar todos protegidos. Venham comigo, sigam-me!

E as tolas aves seguiram a raposa para a sua toca. O céu não caiu; quem caiu foi a raposa, em cima delas, devorando-as uma por uma.

Rosane Pamplona. *Era uma vez... três! – Histórias de enrolar*.
São Paulo: Moderna, 2005. p. 24-27.

1 No início do texto há uma expressão que é bastante comum nos contos.

a) Que expressão é essa? Pinte-a no texto.

b) Essa expressão é usada para indicar que:

- ☐ a história é recente.

- ☐ a história aconteceu com uma velhinha.

- ☐ não se sabe ao certo quando a história aconteceu.

2 Complete o diagrama com o nome dos personagens do conto de acordo com o som que eles emitem.

1. grugulejar

2. regougar

3. piar

4. cacarejar

5. grasnar

3 Leia as explicações e complete os verbetes com as palavras do quadro. Se tiver dúvidas, consulte um dicionário.

cocuruto – alarmado – espavorida – alarido – amedrontado

a) _____: ruído de vozes, de gritos; falatório, algazarra, gritaria.

b) _____: pôr(-se) em alarme, em sobressalto; assustar(-se).

c) _____: dominado pelo medo; atemorizado, assustado.

d) _____: o alto da cabeça.

e) _____: com grande pavor; aterrorizada, amedrontada.

(Dicionário eletrônico Houaiss da língua portuguesa)

4 Qual foi a estratégia da raposa para convencer os outros personagens a segui-la?

_____

_____

Língua: **Gramática**

Substantivos: gênero, número e grau

1 Releia esta frase do conto.

> O pato, amedrontado, seguiu a galinha.

a) Circule os substantivos.

b) Quais palavras aparecem antes dos substantivos? _____

> Os substantivos podem ser **masculinos** ou **femininos**. Antes dos substantivos femininos, podemos usar os artigos **a**, **as**, **uma**, **umas**. Antes dos substantivos masculinos, podemos usar os artigos **o**, **os**, **um**, **uns**.

2 Circule os substantivos do trecho a seguir. Depois, escreva-os nas colunas correspondentes.

> — Quem me disse foi o pintinho, que ouviu do pato, que ouviu da galinha, que sentiu um pedacinho do céu cair bem no seu cocuruto.

Substantivos femininos	Substantivos masculinos

3 Escreva o feminino das palavras a seguir.

a) o menino – _____

b) o cão – _____

c) o macho – _____

d) o patrão – _____

e) o cavalo – _____

f) o autor – _____

4 Agora escreva o masculino destas palavras.

a) uma mãe – _____

b) uma pintora – _____

c) uma gata – _____

d) uma madrasta – _____

e) uma comadre – _____

f) uma vaca – _____

5 Releia este trecho do conto.

> — Quem me disse foi o pintinho, que ouviu do pato, que ouviu da galinha, que sentiu um pedacinho do céu cair bem no seu cocuruto.

a) Circule os substantivos que nomeiam animais.

> Os substantivos podem ser usados no **singular** ou no **plural**.
> Os substantivos no singular indicam um único elemento.
> Os substantivos no plural indicam mais de um elemento.

b) Os substantivos que você circulou estão:

• ☐ no singular.

• ☐ no plural.

c) Imagine que a história tenha se passado com duas galinhas, vários pintinhos e alguns patos. Como ficaria a fala acima?

_____

_____

_____

d) Para formar o plural dos substantivos "pintinho", "pato" e "galinha", que letra você acrescentou nas palavras?

_____

6 Observe o exemplo e siga-o.

> um pato – uma pata

a) uns porcos – _____

b) uma velhinha – _____

c) o cachorro – _____

d) as meninas – _____

e) umas gatas – _____

f) os cavalos – _____

7 Nas palavras a seguir, o plural é formado de outras maneiras. Veja os exemplos e faça o mesmo com as demais palavras.

a) flor – flor**es**

- professo**r** – _____
- mulhe**r** – _____
- janta**r** – _____

b) nuve**m** – nuve**ns**

- home**m** – _____
- alecri**m** – _____
- bombo**m** – _____

c) atri**z** – atriz**es**

- rapaz – _____
- voz – _____
- luz – _____

d) quint**al** – quint**ais**

- pape**l** –_____
- funi**l** –_____
- cacheco**l** –_____

8 Releia este trecho do conto.

> Era uma vez uma galinha que andava ciscando embaixo de uma jabuticabeira, quando uma jabuticabinha seca caiu bem em cima da sua cabeça.

> Os substantivos no **aumentativo** indicam tamanho grande.
> Os substantivos no **diminutivo** indicam tamanho pequeno.

a) Que substantivo do trecho acima está no diminutivo?

_____

b) Como ficaria essa palavra se ela estivesse em seu grau normal?

_____

9 Circule os substantivos a seguir de acordo com a legenda.

■ Estão no diminutivo.

■ Não estão no diminutivo.

a) vizinha

b) cabecinha

c) avezinha

d) sozinha

e) galinha

f) raposinha

10 Ligue os substantivos a seu diminutivo. Se precisar, consulte o dicionário.

a) casa

saiote

b) livro

ruela

c) filho

caixote

d) rua

filhote

e) saia

livrete

f) caixa

casebre

11 Agora ligue os substantivos a seu aumentativo.

a) rapaz

povaréu

b) muro

fornalha

c) forno

vozeirão

d) voz

muralha

e) povo

bocarra

f) boca

rapagão

Lenga-lenga

- Recorte as partes da história que estão na página seguinte.
- Organize a história e cole-a nos espaços a seguir.

Cadê o toicinho daqui?

Cadê o boi?
Foi moer o trigo.
Cadê o trigo?
A galinha comeu.
Cadê a galinha?
Foi botar ovo.
Cadê o ovo?
O frade bebeu.
Cadê o frade?
Foi rezar missa.
Cadê a missa?
...
A missa eu não sei...
Mas o frade
Que bebeu o ovo
Foi atrás do gato
Que comeu o toicinho
Por aqui... por aqui... por aqui...
[...]

Mila Behrendt. *Giros: contos de encantar*. São Paulo: Cortez, 2011. p. 10.

Os contos acumulativos também são chamados de **lenga-lengas**. Eles têm característica de uma longa parlenda, contada e recontada para divertir as pessoas.

Cadê o toicinho daqui?

Cadê o gato?

O boi bebeu.

A água apagou.

Cadê o mato?

Cadê o fogo?

O fogo queimou.

Foi pro mato.

Cadê a água?

O gato comeu.

1 Identifique no texto a palavra que se repete.

_____

2 Essa palavra que se repete no texto equivale a que pergunta?

_____

3 Copie do texto:

a) uma frase afirmativa;

_____

b) uma frase interrogativa.

_____

4 Pinte a resposta.

a) Quem moeu o trigo?

| O boi. | O gato. | O frade. |

b) Quem foi para o mato?

| O toicinho. | O fogo. | O gato. |

c) Quem foi atrás do gato?

| A galinha. | O frade. | O fogo. |

d) Quem apagou o fogo?

| O boi. | O frade. | A água. |

5 Releia esta parte do texto.

> Cadê o gato?
> Foi **pro** mato.

• Complete: O termo "pro" é usado informalmente no lugar de _____.

Língua: **Ortografia**

Letras **c** e **ç**

1 Leia esta observação que, no livro *Giros: contos de encantar*, aparece ao final do texto "Cadê o toicinho daqui?".

Obs.: Deve-se falar o último verso — "Por aqui... por aqui... por aqui..." — percorrendo com a mão, no mesmo ritmo, o pescoço e a cabeça da criança.

a) Copie as palavras do trecho acima escritas com **cedilha**.

_____

b) Qual é o som do **ç** nessas palavras?

- ☐ Som de **/k/**.
- ☐ Som de **/s/**.

Usamos **ç** antes das letras **a**, **o** e **u** para indicar que o **c** tem som de **s**.

2 Complete as palavras com **c** ou **ç**.

a) cora____ão

b) ____enoura

c) bi____icleta

d) a____ougue

e) almo____o

f) peda____o

g) ba____ia

h) a____úcar

3 Troque o **c** por **ç** e descubra novas palavras.

a) louca – _____

b) roca – _____

c) taca – _____

d) faca – _____

e) peco – _____

f) coca – _____

4 Complete as palavras com as sílabas **ça**, **ço**, **çu** e **ção**.

a) educa_____

b) servi_____

c) can_____

d) a_____ de

e) cal_____ do

f) caro_____

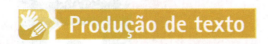

Produção de texto

Conto de repetição e acumulação

1. Leia o início deste conto acumulativo de origem alemã.

Mume Mele

Eu vou contar
Uma história sobre Mume Mele.
Mume Mele tinha uma casa.
Mas que linda casa!
Na casa de Mume Mele havia um jardim.
Mas que lindo jardim!
No jardim havia uma árvore.
Mas que linda árvore!
[...]

Mila Behrendt. *Giros: contos de encantar*. São Paulo: Cortez, 2011. p. 26.

a) O que tinha Mume Mele?
_____

b) O que tinha na casa de Mume Mele?
_____

c) O que havia no jardim?
_____

d) E o que havia nessa árvore? Preste atenção à estrutura do conto e use a imaginação para continuar a história como você quiser.
   • Faça no caderno um rascunho do texto para registrar todas as suas ideias. Assim ficará mais fácil escolher a que você mais gostou.

Para revisar o texto

2. Verifique se você:

   a) repetiu palavras, frases ou partes da história;
   b) acrescentou um fato novo ao acontecimento anterior;
   c) escreveu corretamente as palavras.

3. Passe seu texto a limpo em uma folha avulsa, fazendo as correções necessárias.

4. Leia seu conto para uma pessoa de sua convivência.

CAPÍTULO 6

Texto 1

Lenda

Você acha que os frutos de guaraná se parecem com o quê?

Leia uma lenda indígena que explica a origem do guaraná.

Frutos de guaraná.

Os olhos do menino

Entre os povos indígenas do Brasil há muitas lendas que contam a origem do guaraná. Uma delas é a dos índios Maué (ou Saterê-mauê, como eles se chamam). Segundo eles, há muito, muito tempo, a tribo vivia dias difíceis, quase sem caça para comer e sem plantas também. Até os rios estavam sem peixes. Foi então que um casal teve um filho, um menino de vivos olhos negros. Assim que nasceu, a boa sorte da aldeia voltou e começou um tempo de fartura e felicidade. Por isso, o curumim cresceu rodeado do amor de todos da tribo. Isso acabou despertando a inveja de Jurupari, o espírito do mal. Não querendo permitir que os índios fossem felizes, transformou-se numa serpente venenosa e, aproveitando-se de um momento em que o menino estava sozinho e distraído colhendo frutas, picou-o mortalmente.

Quando deram pela falta do menino, os índios foram procurá-lo na floresta. Uma grande tristeza tomou conta da tribo quando encontraram seu corpo já sem vida. Contam que naquele momento começou a chover e um raio caiu ao lado do indiozinho. Foi um grande susto, mas o pajé explicou que aquela era uma mensagem dos céus, dos bons espíritos. Explicou ainda que deviam enterrar os olhos do menino. Os Maué assim fizeram e naquele local nasceu uma planta desconhecida, de frutos vermelhos, com sementes negras, rodeadas de uma polpa branca. Neles podiam-se reconhecer os olhos do indiozinho tão amado, que continuou presente na vida da aldeia, dando mais força e energia a todos.

(Lenda dos Índios Maué)

Rosane Pamplona. *Almanaque pé de planta*. São Paulo: Moderna, 2013. p. 52-53.

1 Que elementos do texto indicam que se trata de uma lenda?

_____
_____
_____
_____

2 Segundo o narrador, existem muitas lendas que contam a origem do guaraná entre os povos indígenas do Brasil. A qual tribo pertence a lenda do guaraná que você acabou de ler?

_____
_____

3 Segundo a lenda, como surgiu o guaraná?

_____
_____
_____

Língua: **Gramática**

Adjetivos

1 Releia este trecho da lenda.

> Os Maué assim fizeram e naquele local nasceu uma planta desconhecida, de frutos vermelhos, com sementes negras, rodeadas de uma polpa branca.

- Quais palavras do trecho acima dão características aos substantivos destacados?

a) planta: _____

b) frutos: _____

c) sementes: _____

d) polpa: _____

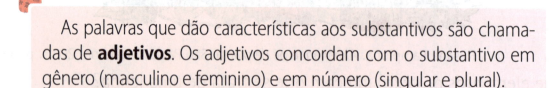

As palavras que dão características aos substantivos são chamadas de **adjetivos**. Os adjetivos concordam com o substantivo em gênero (masculino e feminino) e em número (singular e plural).

2 Circule os adjetivos que dão características aos substantivos destacados.

a) "Foi então que um casal teve um filho, um menino de vivos **olhos** negros."

b) "Não querendo permitir que os **índios** fossem felizes, transformou-se numa **serpente** venenosa e, aproveitando-se de um momento em que o **menino** estava sozinho e distraído colhendo frutas, picou-o mortalmente."

c) "Foi um grande **susto**, mas o pajé explicou que aquela era uma mensagem dos céus, dos bons **espíritos**."

3 Ligue os substantivos aos adjetivos que correspondem a eles.

a) lendas   antiga

b) curumins   saboroso

c) aldeia   indígenas

d) fruto   espertos

4 Complete as informações sobre o guaraná usando os adjetivos do quadro.

tupi – nativa – científico – maior – trepadeira – indígenas

O guaraná é uma fruta _____ da Amazônia. Nasce numa planta _____ chamada guaranazeiro, cujo nome _____ é *Paullinia cupana*. O nome "guaraná" provém do termo _____ "varana", que significa "árvore que sobe apoiada em outra". Muitos povos _____ o cultivavam. Atualmente, o estado da Bahia é o _____ produtor de guaraná do país.

Guaraná. *Enciclopédia Escolar Britannica*. Britannica Escola Online. 2015.
Disponível em: <http://escola.britannica.com.br/article/483277/guarana>.
Acesso em: 5 out. 2015.

5 Transforme os substantivos destacados em adjetivos. Observe o exemplo.

Serpente que tem veneno ➜ serpente venenosa.

a) Crianças que têm habilidade ➜ crianças _____.

b) Mulher que tem coragem ➜ mulher _____.

c) Menino que tem medo ➜ menino _____.

d) Artistas que têm fama ➜ artistas _____.

e) Avós que têm amor ➜ avós _____.

f) Pessoa que tem bondade ➜ pessoa _____.

6 Escreva dois adjetivos para caracterizar:

a) a planta do guaraná;

_____

b) uma pessoa de sua convivência;

_____

c) um animal de estimação.

_____

Texto 2

Receita culinária

Leia esta receita culinária.

Gelatina de guaraná e frutas

Ingredientes

2 xícaras de guaraná

2 envelopes de gelatina em pó (sem sabor)

1 xícara (de chá) de suco de laranja

2 maçãs sem casca cortadas em cubos

2 fatias de melão em cubos

2 xícaras (de chá) de morangos picados

Modo de preparo

1. Coloque meia xícara (de chá) de água em uma panela. Depois, despeje a gelatina e a dissolva.
2. Leve ao fogo em banho-maria para derreter.
3. Acrescente o suco de laranja e o guaraná e reserve.
4. Distribua as frutas em uma forma de pudim molhada.
5. Despeje a gelatina por cima.
6. Deixe na geladeira por 4 horas.
7. Desenforme e sirva.

Dica: antes de servir, enfeite com folhinhas de hortelã frescas.

Se você quiser preparar essa receita, peça ajuda a um adulto de sua convivência.

1 Escreva o nome da parte do texto que...

a) contém uma lista dos produtos e das quantidades que serão utilizados no preparo da receita: _____

b) é formada pelo nome do principal ingrediente da receita:
_____

c) ensina passo a passo como a receita deve ser preparada:
_____

2 Circule, no preparo da receita, as palavras que indicam as ações que devem ser realizadas.

3 Leia o seguinte trecho. Ele se refere ao modo de preparo da receita.

> **2.** Leve ao fogo em **banho-maria** para derreter.

a) Qual é o sentido da expressão destacada? Para responder à questão, pergunte a alguém de sua família que tenha costume de cozinhar e, em seguida, consulte-a no dicionário e escreva a seguir a definição.
_____
_____
_____

b) Pinte o recipiente que está em **banho-maria**.

75

4 A receita a seguir está fora de ordem. Reescreva-a de modo adequado.

1. Descasque os kiwis e corte-os em pedaços sobre o copo do liquidificador.
- 4 kiwis bem maduros
- 2 bananas
- utensílio: liquidificador

Suco de kiwi
4. Junte o açúcar e o leite e misture bem.
3. Bata tudo.
- 1 pacotinho de açúcar de baunilha
2. Junte as bananas cortadas em rodelas.
- 2 copos de leite
- preparação: 15 min.

Corinne Albault. *40 receitas sem fogão.* Tradução e adaptação Gisela Tomanik Berland. São Paulo: Companhia Editora Nacional, 2005. p. 91.

Língua: Ortografia

Letras g e j

1 Complete o diagrama com o nome das figuras.

1.

3.

5.

2.

4.

6.

Produção de texto

Receita culinária

Relembrando

1. Quais são as partes principais de uma receita? Escreva-as nos quadros a seguir.

   [ ]
   [ ]
   [ ]

2. Marque a alternativa correta.

   Existe uma ordem correta para escrever:

   a) [ ] os ingredientes de uma receita.

   b) [ ] o modo de preparo de uma receita.

Escrita da receita

3. No espaço da página seguinte, escreva a receita de seu prato preferido. Peça ajuda às pessoas de sua convivência ou consulte livros de receitas, revistas, *sites*.

4. Lembre-se de colocar as partes principais da receita, escrever os ingredientes por itens e ordenar adequadamente as etapas do modo de preparo.

Revisão da receita

5. Verifique se você:

   a) escreveu o título e se ele está adequado à receita;

   b) organizou os ingredientes por itens e indicou a quantidade de cada um deles;

   c) ordenou as etapas de preparo usando palavras que indicam as ações que devem ser realizadas;

   d) escreveu corretamente as palavras.

Divulgação

6. Mostre sua receita para uma pessoa de sua convivência que possa ajudar você a preparar seu prato favorito.

CAPÍTULO 7

Artigo de divulgação científica – parte 1

Você acha que cães e gatos podem transmitir doenças às pessoas? Leia um texto que traz informações sobre isso.

Transmissores de doenças

Muitos animais transmitem doenças, que podem contagiar uns aos outros, como a sarna entre os cachorros. Alguns animais são portadores de doenças que, assustadoramente, também podem ser transmitidas aos seres humanos.

Cães e gatos

Cães e gatos são portadores de parasitas, como tênias e lombrigas. Os ovos desses parasitas saem nas fezes do animal. As pessoas também podem contrair esses parasitas se, depois de tocar seu animal de estimação, deixarem de lavar as mãos antes das refeições. É importante **vermifugar** regularmente seu cão ou gato.

É preciso lavar as mãos sempre depois de brincar com seu cão ou gato, para evitar doenças.

Lynn Huggins-Cooper. *Criaturas surpreendentes*. Trad. Nelson Alessio. São Paulo: Zastras, 2010. p. 10.

Vermifugar: tratar um animal com medicamento que combate vermes.

1 Procure estas palavras no dicionário e escreva o significado de cada uma delas.

a) Sarna:

_____

_____

b) Parasita:

_____

_____

_____

_____

| Carrapato na pelagem de um cachorro.

2 Escreva **V** para verdadeiro e **F** para falso. Quando a informação for falsa, volte ao texto e pinte o trecho que corresponde à informação verdadeira.

a) ☐ As doenças transmitidas por alguns animais não podem contagiar os seres humanos.

b) ☐ A sarna é uma doença que pode ser transmitida de um cachorro para outro.

c) ☐ Os parasitas contaminam somente cães e gatos.

3 Responda às questões de acordo com o texto.

a) Quais exemplos de parasitas são citados no texto?

_____

b) Como as pessoas podem contrair parasitas?

_____

_____

_____

4 Releia esta informação do texto.

> É importante vermifugar regularmente seu cão ou gato.

• A informação quer dizer que cães e gatos devem ser "vermifugados":

a) ☐ nunca.
b) ☐ de tempos em tempos.

Pronomes pessoais

Pronomes pessoais são palavras que substituem nomes ou substantivos. São eles: eu, tu, ele, ela, nós, vós, eles, elas.

1 Reescreva as frases trocando as expressões destacadas por pronomes pessoais.

a) **As pessoas** podem contrair parasitas.
_____

b) **A sarna** é contagiosa.
_____

2 Reescreva as orações usando o pronome indicado.

a) Eu tenho um cachorro.
   Ela _____

b) Ele ganhou um gato.
   Eu _____

c) Eles cuidam bem do animal de estimação.
   Nós _____

3 Leia o trecho a seguir e responda às perguntas.

[...]
Os animais de estimação precisam de cuidados como uma criança. **Eles** têm de receber alimento, água e abrigo; devem ser mantidos limpos e precisam ser exercitados. [...]

Animal de estimação. In: *Britannica Escola Online*. Enciclopédia Escolar Britannica, 2015. Web, 2015. Disponível em: <http://escola.britannica.com.br/article/482197/animal-de-estimacao>. Acesso em: 29 out. 2015.

a) A quem se refere a palavra destacada no trecho acima?
_____

b) Antes da palavra "devem" há necessidade de escrever "os animais de estimação" ou "eles"? Por quê?
_____

82

Texto 2

Artigo de divulgação científica – parte 2

Você acha que pombos e ratos podem transmitir doenças às pessoas? Leia um texto que traz informações sobre isso.

Pombos

Há grande número de pombos em diversas cidades. Esses pássaros podem transmitir uma doença que afeta seus pulmões e os pulmões dos seres humanos. Os sintomas da doença são amenos para os pombos, mas podem ser graves para nós. A doença se pega respirando poeira que contenha partículas das fezes dos pombos. A bactéria das fezes pode provocar febre.

É preciso cuidado para não segurar os pombos ao alimentá-los, porque isso envolve um sério risco à saúde.

Ratos

Os ratos vivem em praticamente todos os lugares. Eles propagam muitas doenças, incluindo leptospirose, tifo e peste bubônica. No século XIV, a peste bubônica tornou-se conhecida como Peste Negra, que matou aproximadamente 50 milhões de pessoas na Europa.

Os ratos se alimentam de restos de comida jogados no lixo. Muitos vivem perto de nós, em esgotos.

Lynn Huggins-Cooper. *Criaturas surpreendentes*. Trad. Nelson Alessio. São Paulo: Zastras, 2010. p. 11.

1 Observe o texto que você leu e os elementos que o compõem. Ele foi publicado em:

a) ☐ um livro.

c) ☐ uma revista.

b) ☐ um *site*.

d) ☐ um jornal.

2 O texto foi escrito para:

a) ☐ divertir o leitor.

b) ☐ narrar uma história.

c) ☐ divulgar conhecimentos científicos.

3 Quais doenças podem ser causadas por estes animais?

a) Ratos: _____

b) Pombos: _____

4 Faça uma pesquisa sobre a peste negra e registre suas descobertas.

_____

_____

_____

_____

_____

_____

_____

_____

_____

_____

_____

_____

_____

_____

_____

Língua: Ortografia

Letras r e rr

1 Complete as palavras com **r** ou **rr**.

a) chu _____ asco

b) _____ amalhete

c) ba _____ iga

d) _____ oda

e) ca _____ uagem

f) _____ ancho

g) _____ ua

h) co _____ ente

i) se _____ ote

2 Leia as palavras em voz alta. Pinte da mesma cor aquelas em que o **r** tem o mesmo som.

rato	cachorro	poeira
beterraba	rua	marido
caramelo	parasita	resto
marreco	riacho	arroz
roda	horrível	geladeira

3 Complete as frases com as palavras dos quadros.

a)

caro – carro

• O _____ da minha mãe é branco.

• O vestido de festa foi _____.

b)

careta – carreta

• Não tenho medo de _____.

• _____ é um grande caminhão de transporte.

c)

tora – torra

• Vovó _____ o pão para fazer farinha de rosca.

• Cada pedaço de um tronco de madeira chama-se _____.

Ficha informativa

1 Leia a ficha a seguir, que traz informações sobre o coelho.

> **Ficha informativa**
>
> **Animal:** coelho.
>
> **Tempo de vida:** de 5 a 10 anos.
>
> **Alimentação:** alguns tipos de grãos, folhas e caules.
>
> **Cor:** preto, branco, amarelo ou castanho são os mais comuns.
>
> **Peso:** varia entre 2 kg e 9 kg.
>
> **Hábitat:** florestas e matas de vários locais do planeta.
>
> **Curiosidades:** são mamíferos e seus dentes nunca param de crescer. O maior coelho do mundo chegou a medir 1,30 m e pesar 22 kg; seu nome era Darius.

Para começar

2 Que tal você preparar uma ficha informativa sobre um animal de sua preferência? Pode ser um animal engraçado, minúsculo, muito grande, nojento, esquisito, belíssimo. Você escolhe!

3 Faça uma pesquisa em *sites*, enciclopédias, livros e revistas para descobrir informações sobre o animal que você escolheu. Procure saber: onde ele vive, do que se alimenta, quais são suas características físicas e seus hábitos, o que esse animal tem de curioso e outras informações que você julgar interessantes.

86

Escrita da ficha

4 Faça um rascunho do texto usando o espaço a seguir e pensando na ordem em que você apresentará as características do animal escolhido. Escolha uma boa imagem para ilustrar a ficha.

_____

_____

_____

_____

_____

_____

_____

_____

_____

_____

_____

_____

_____

_____

_____

_____

_____

Revisão da ficha

5 Revise o texto e corrija o que achar necessário. Verifique se você escreveu corretamente todas as palavras e se as informações estão claras.

6 Reescreva as informações em uma folha de papel sulfite e prepare uma ficha como a do modelo da página anterior. Não se esqueça de colar uma imagem do animal ou desenhá-lo.

Divulgação

7 Apresente a ficha para os amigos e para as pessoas que moram com você e pergunte se eles conheciam o animal e suas características.

CAPÍTULO 8

Regra de brincadeira

Você sabe jogar queimada? Leia as regras dessa brincadeira.

Queimada
  Objetivo
  Os integrantes de cada uma das duas equipes devem tentar acertar a bola nos integrantes do time adversário.
  Quantos jogam
  Dez ou mais.
  Material
  Bola, giz ou corda.
  Como jogar
  É preciso delimitar o campo com uma corda ou desenhá-lo, com cerca de 8 metros de largura por 10 de comprimento, e uma linha que divide a quadra ao meio. As crianças são agrupadas em duas equipes e cada uma delas deve enviar um jogador para trás do campo adversário. Esse jogador é chamado de "morto voluntário", ele volta ao campo do seu time quando um de seus companheiros se tornar "morto".

Os jogadores devem permanecer nos limites do seu campo. A partida começa com a bola na posse de um dos times. Um jogador a lança tentando acertar alguém da equipe adversária. Se a bola atingir um jogador e cair no chão, ele é queimado e considerado "morto". Mas, se ele conseguir segurar a bola ou ela acertar em sua cabeça, ele continua "vivo".

88

Ao "morrer", o jogador deve ir para trás da linha de fundo do campo oposto e lançar a bola, com o objetivo de queimar alguém do time adversário. Se conseguir, ele se salva e volta ao seu campo.

O jogo acaba quando todos os integrantes de uma equipe estiverem "mortos" e o último a "morrer" tem o direito de realizar três arremessos para tentar se salvar e continuar jogando.

Juliana Castro. Disponível em: <http://revistaescola.abril.com.br/educacao-infantil/4-a-6-anos/regras-brincadeiras-bola-599756.shtml?page=1>. Acesso em: 9 out. 2015.

1 Qual é o objetivo principal do jogo?

_____

2 Com base nas regras, responda às questões.

a) Quais são os materiais necessários para o jogo?

_____

b) Quantas pessoas podem jogar uma partida de queimada?

_____

3 Releia este trecho do texto.

> Ao "morrer", o jogador deve ir para trás da linha de fundo do campo oposto e lançar a bola, com o objetivo de queimar alguém do time adversário. Se conseguir, ele se salva e volta ao seu campo.

a) Qual é o nome do sinal de pontuação usado na palavra "morrer"?

_____

b) Por que esse sinal foi utilizado?

- ☐ Porque é uma palavra pouco utilizada.
- ☐ Para mostrar que a palavra está sendo usada em sentido diferente do habitual.
- ☐ Para chamar a atenção do leitor.

c) Explique qual é o sentido da palavra "morrer" no jogo queimada.

_____

_____

Língua: Gramática

Verbos e tempos verbais

1 Leia outro texto que explica como brincar de queimada. Complete os espaços com os verbos do quadro.

> for – conseguir – brincar – dividir – acertar – estiver

Queimada

Jeito de brincar

Para _____, é preciso _____ o grupo em dois times.

O jogador que _____ com a bola deve arremessá-la tentando _____ (queimar) uma pessoa do outro time. Quem _____ queimado sai do jogo.

Vence a equipe que _____ queimar todo o time adversário primeiro.

Disponível em: <http://mapadobrincar.folha.com.br/brincadeiras/bola/55-queimada>.
Acesso em: 21 out. 2015.

2 Leia:

I. Os alunos jogam queimada.

II. Os alunos jogarão queimada.

III. Os alunos jogaram queimada.

a) Quais palavras das frases acima indicam a mudança de tempo?

_____

b) Escreva o número da frase que dá ideia de:

- passado: ☐
- futuro: ☐
- presente: ☐

3 Leia a tirinha e depois responda às questões.

Disponível em: <http://meninomaluquinho.educacional.com.br/PaginaTirinha/PaginaAnterior.asp?da=25082015>. Acesso em: 9 out. 2015.

a) Qual é a importância da leitura na vida do personagem Lúcio?
_____

b) Você também gosta de ler?
_____

c) Quais são os verbos dos dois primeiros quadrinhos?
_____

d) Os verbos que você escreveu no item **c** dão ideia de tempo presente, passado ou futuro?
_____

4 Analise as frases e responda às questões.

a) Meu pai pediu minha mãe em casamento.
- Qual é o verbo? _____
- Qual é o tempo verbal? _____

b) Os carros buzinam sem parar.
- Qual é o verbo? _____
- Qual é o tempo verbal? _____

c) A menina ganhará o prêmio.
- Qual é o verbo? _____
- Qual é o tempo verbal? _____

d) Marcela dança na festa.
- Qual é o verbo? _____
- Qual é o tempo verbal? _____

91

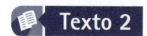

Leia este texto, que fala sobre brincadeiras.

Brincadeiras de rua antigas

É impossível falar sobre todas as brincadeiras, mas existem aquelas que mais marcaram e, que de uma forma ou de outra, continuam fazendo a alegria da garotada. Como a brincadeira de esconde-esconde ou o tão famoso pega-pega. [...]

Esconde-esconde: é muito famosa e exige muita criatividade dos pequenos, principalmente para escolher um esconderijo. As regras são o seguinte: chame vários amiguinhos e escolha, através de um sorteio, quem irá procurar pelas pessoas. A tal pessoa sorteada deve contar até 30, ou um número estipulado pelos jogadores, e enquanto isso o restante das crianças se esconde. Quando quem procura achar alguém, deve correr até o lugar em que fez a contagem, bater na parede e gritar: "1, 2, 3 Gabriela pega", por exemplo. Mas, caso a criança consiga chegar primeiro no local, ela bate na parede e grita: "1, 2, 3 Gabriela salva". Lembrando que o primeiro a ser pego, será quem procura na próxima rodada, mas todos devem ser achados.

[...]

Disponível em: <http://blog.tricae.com.br/diversao/brincadeiras-de-rua/>.
Acesso em: 9 out. 2015.

> **Blog** é uma página da internet em que as pessoas podem publicar ideias, fotografias, vídeos, áudios, arquivos e gráficos, trocar experiências e fazer comentários sobre determinado assunto.

1 O texto que você leu foi publicado em:

a) ☐ um livro.   b) ☐ um *blog*.   c) ☐ uma revista.

2 Qual é o assunto do texto?

_____

3 Escreva uma das regras da brincadeira esconde-esconde.

_____

_____

_____

4 Até quanto a pessoa sorteada deve contar antes de ir procurar os outros participantes?

_____

_____

5 Escreva o que significa:

a)   "1, 2, 3, Gabriela pega"

_____

_____

b)   "1, 2, 3, Gabriela salva"

_____

_____

6 O que acontece com a primeira pessoa a ser pega?

_____

_____

Língua: Ortografia

Letras e e i em final de palavra

1 Leia estas palavras do texto *Brincadeiras de rua antigas*.

> esconde – exige – criatividade – seguinte – restante – parede

a) O que elas têm em comum quanto à terminação?
_____

b) Essas palavras são oxítonas, paroxítonas ou proparoxítonas?
_____

2 Agora leia estas outras palavras.

> xixi – caqui – kiwi – javali – sashimi – sucuri

a) O que elas têm em comum quanto à terminação?
_____

b) Essas palavras são oxítonas, paroxítonas ou proparoxítonas?
_____

Quando as palavras que terminam em **e** ou **i** não são acentuadas, escrevemos com **i** as oxítonas e escrevemos com **e** se a sílaba tônica não for a última da palavra.

3 Escreva o nome das figuras.

a)

b)

c)

_____ _____ _____

d) 　　e) 　　f)

_____　　_____　　_____

Letras l e u em final de sílaba

1 Releia o início do texto e complete as palavras.

"É impossíve____ falar sobre todas as brincadeiras, mas existem aquelas que mais marcaram e, que de uma forma ou de o____tra, continuam fazendo a alegria da garotada."

As letras **l** e **u** em final de sílaba e de palavra têm o mesmo som.

2 Descubra no texto três palavras em que a letra **l** aparece no final da sílaba e escreva-as.

_____

3 Circule a palavra que não pertence a cada grupo e explique sua escolha.

a) pastel　　anel　　chapéu　　Gabriel　　pincel

_____

_____

b) museu　　Romeu　　seu　　europeu　　automóvel

_____

_____

4 Complete as palavras com **l** ou **u**.

a) pne____　　　d) fie____　　　g) minga____

b) paste____　　e) bacalha____　h) carrosse____

c) me____　　　f) ge____　　　i) lua____

Produção de texto

Regra de brincadeira

Para começar

1. Escreva as regras de sua brincadeira preferida.
   - Primeiro faça em seu caderno um rascunho do texto, escrevendo tudo sobre a brincadeira.

Para revisar

2. Verifique se você:

   a) informou o nome e o objetivo da brincadeira, quantas pessoas participam, os materiais utilizados, as regras, o passo a passo, onde ela deve acontecer, quantas pessoas podem participar;

   b) escreveu corretamente as palavras;

   c) usou verbos para dar instruções aos jogadores.

Reescrita

3. Agora passe o texto a limpo nas linhas a seguir.

_____
_____
_____
_____
_____
_____
_____
_____
_____
_____
_____
_____